엔딩 크레딧

김태경 시집

# 엔딩 크레딧

문학산책사

## ■ 시인의 말

국가대표 양궁 선수들의 화살 길이가
모두 다르다고 합니다.
선수 각자의 팔 길이가 제각각이고,
활시위를 당기는 폭마저 다르기 때문이랍니다.
사물을 보는 것도 이처럼 다를 것이기에
두려움을 조금씩 밀쳐내며
빼꼼이 열어본 세상
조심조심 내어놓습니다.

2025년 봄
김 래경

엔·딩·크·레·딧  김태경 시집

## ■ 차례

**시인의 말**

### 1부 삼삼하다

그렁에 걸려  12
수박을 두드리다  14
엔딩 크레딧  16
삼삼하다  18
깡깡이 망치  20
길을 찾다  21
까레이스키  23
붓꽃에게  25
해감하다  27
은행알  28
호접란 앞에서  29
새 구두  30
낙엽  31
목감기  33
첫눈  34

## 2부 드렁허리

평잡이 숫돌   36
수 세기   37
천냥금   39
국숫집 할머니   41
냉이된장국   43
드렁허리   45
거멀못   46
간장독   48
현충원 채명신 장군 묘비 앞에서   50
티백   51
개미귀신   53
풀어진 나사못   55
풍선을 분다는 것   57
굴뚝새   59
시소   60

## 3부 청양고추

선운사 꽃무릇　62
청양고추　63
예초기　65
산천보세 1　66
금강산 화암사 매미　67
헛 신발　69
공갈빵　70
산천보세 2　71
라일락　73
소나기 1　75
귀뚜라미　77
진달래꽃　78
새싹　80
냉면　81
맷돌　83

## 4부 11월 장미

김장　86
흥안대로 223번길　88
백령도 가는 길　89
화성 북암문 앞에서　90
석수동 마애종 울다　92
말매미, 껍질 벗다　94
2월 산수유　96
봄날은 짧다　98
꾸역꾸역　100
기근　102
커피 향　103
민들레 홀씨　104
11월 장미　105
11월 나무　107
비상飛上　109

## 5부 생일 선물

사과를 깎으며　112
가을 느티나무　113
참나무 등걸　114
비닐우산　115
목련　116
생일 선물　118
말짱 도루묵　120
능소화　121
남은 구두 한 짝　123
소나기 2　125
박카스　126
에스프레소Espresso　127
아이스 아메리카노　128
숨바꼭질　129
달개비꽃　130

해설 비유 건너 의미로 넘어가기 · 배준석　133

# 1부
## 삼삼하다

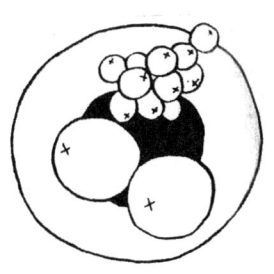

## 그령에 걸려

서슬 시퍼런 더위가
산 그림자 속으로 몸을 숨기는 오후
멱을 감다 말고
매미 소리 요란한 뒷동산으로
소 풀 뜯기러 가는 길

아이 얼굴은
잔뜩 웅크린 먹구름만큼이나 심통스럽고
불퉁한 걸음은
발정 난 황소걸음인 양
사납게 터벅거리는데

풀숲 길 한가운데
누군가 몰래 묶어놓은 그령에 걸려
꼴사납게 엎어지고

제 성질 못 이긴 아이는
성난 망아지 뒷발질하듯
묶인 그령 끊겠다고 한껏 걷어차지만
그령은 가소롭다는 듯 꿈쩍도 않고

벗겨진 까만 고무신 한 짝만
날개 달린 듯
훨훨 날아
깊은 숲으로 도망가면

벌게진 발등은
아프다고 고래고래 아우성을 친다

## 수박을 두드리다

동글동글하게 생긴 수박 장수

볼 필요도 없이
맛있다며
갓 따온 거라며
단물 가득한 소리
줄줄 흘려댄다

그래도
3열 횡대로 줄 선 수박
한 통 한 통 두드려 본다

통통 통통 텅텅 탕탕

이 소리야말로
제 살아온 시간의 속살들일 터

그중 높고 맑은 놈으로 골라
집으로 향하는 발걸음마다
찍히는 묵직한 의문 부호

오늘 하루
나를 두드렸을 사람들에게
어떤 소리로 대답했을까?

## 엔딩 크레딧

엔딩 크레딧이 시작되면
서로 먼저 자리를 털고 일어난다
영화 끝난 거라고
더 이상 볼 것 없다고

그도 다 끝난 사람 같았다
삼류영화관의 축축한 곰팡이 냄새
수세미처럼 헝클어진 머리
흑백 필름 같은 칙칙한 옷들을 겹겹이 걸쳤다
일요일이면 무료급식소도 쉰다며
낡은 영사기마냥 덜컹거리며
교회식당에 와 고봉에 고봉밥을 받아들었다

엔딩 크레딧 쿠키영상을 만났다
영화가 끝나고 제작자 이름 배우 이름
지루하게 자막을 채워도
본 영화보다 반짝이는 쿠키영상 이어져
분주하던 엉덩이들 곡진해졌다

엔딩 크레딧 같던 그도 쿠키영상을 만났다
일요일마다 듣는 한마디

당신은 사랑받기 위해 태어난 사람
그가 곡진해졌다

고봉밥을 받던 그가 고봉밥을 푸고
술병 대신 파지 리어커를 잡는다
엔딩 크레딧
끝날 때까지 끝난 것이 아니다

## 삼삼하다

출출한 허기 메우고자
남부시장 골목 안에 정박한
비린내 옴팡진 식당
낡은 문을 밀쳤다

갓 잡아 올린 물고기마냥
파닥이는 실내에서
가재미 된 두 눈이
이 상 저 상을 헤엄치다
삼치조림을 주문한다

주문한 음식이 나오고
기대를 넘어선 맛에
맛나게 먹었다 칭찬하니
갓 구운 김처럼 파삭한
보조개 살포시 들어간 주인
-매운 다른 음식점과 달리
 우리 음식이 좀 삼삼해서 그래요

튀어야만 살아남는 세상에서
기억을 소환당한

삼삼하다는 말
등 푸른 생선인 양 싱싱하다

## 깡깡이 망치

7미터 높이는 아찔하다
그 아찔한 높이의 낡은 선박 족장 위에서
그녀의 삶도 아찔했다
인생 한방이라며 집 나가
몇 년째 소식 없는 남편 대신
결국 잡을 수밖에 없던 3키로 깡깡이 망치
어설픈 족장에 걸터앉아 깡으로 온종일 휘둘러야 했다
깡~ 깡~
힘에 부칠 때마다 놓아야지 마음먹지만
이 깡깡이질 한 방이
밥이 되고 옷이 되고
아이들의 연필이 되고 공책이 되는 것을 보며
결코 놓을 수 없던 망치
뱃전에 죽어라 달라붙는 녹마저
척척 깨어내던 그 망치도
가슴 한구석
켜켜이 쌓이는 그리움은 어쩌지 못하는지
그가 떠나던 날처럼 대평동에 비가 쏟아지면
벌건 녹물 옷자락 타고 흐른다

## 길을 찾다

되는 일 없다는 말을
공구가방처럼 들고 다니던 그가
고압계량기 고치다 감전되었단 소리에
심장 한가운데 스파크 인다
정상 주파수를 이탈한 혈압도
제 길을 잃어버린다
병원으로 가는 난삽한 길을
롤러코스터 타듯
전기의 속도로 달렸다
병실에 누워 있는 그는
허연 거즈에 싸인 미이라
얼굴엔 흉터가 남고
손가락 하나는 어쩌면,
잃을지도 모른다는 의사의 말에
이만이천구백 볼트처럼
지지직거릴 줄 알았던 그가
왠지 110볼트처럼 평온하다
일하며 안전수칙 지키지 않은 적이
도로변 전봇대만큼이나 많았단다
지금껏 사고 없던 것만도 기적이란다
손가락 하나로 목숨을 얻었으니

오히려 크게 남는 장사였단다
투덜거리던 그의 입 이제
길을 찾았다

## 까레이스키


땅 대신 물 위에 살아가는 수련처럼
고향 대신 물설은 연해주에
억척스레 뿌리 내리고
둥둥둥 떠다니길 수십 년
이제 등 두드리고 살만하다 싶을 무렵

예견치 못할 물 위의 삶 그렇듯
러일전쟁 폭풍처럼 몰려오고
성난 소련 병사 한밤중 들이닥치고
호루라기 소리에 까무룩 혼마저 달아나고

이유도 내용도 모른 채
목숨 줄 같은 논밭 황소 다 빼앗긴 채
낡은 가재도구 몇 점
곡식 몇 말 어깨에 둘러멘 채
반항 한번 못해본 채
지옥 같은 화물열차에 실려
줄 끊어진 나룻배처럼 중앙아시아까지 흘러야 했다

한 달 열흘 만에 닿은 우슈토베

영하 사십 도의 추위 속에서도
또다시 땅 대신 물 위를 떠다니며
밤낮없이 뿌리내리고
근근이 꽃 피워야 했던 그들

그들이 지나간 곳마다
붉은 한숨 울컥울컥 수련으로 피어났다

## 붓꽃에게

말만 요란한 세상에
입 꾹 다물고
몸으로 말하는 법을
가르쳐 주렴

옳고 그름의 경계에서
휘우청거리는 내게
곧게 서는 법도
가르쳐 주렴

살천스레 몽니부리는
꽃샘바람 앞에서

말해야 할 때는
남빛 먹물로
온 언덕배기를 물들이고

침묵해야 할 때는
과감히
붓을 꺾는 지혜를

딱 한 글자로
알기 쉽게 써 주렴

# 해감하다


크고 작은 조개들 우묵한
양은그릇에 들어앉아 해감을 하고 있다
그동안
먹지 말아야 할 것 먹은 거
드나들지 말아야 할 곳 드나든 거
슬쩍슬쩍 하지 말아야 할 것 해온 거
눈물 콧물 흘리며
부글부글 해감하고 있다
원수를 사랑하지 못했노라고
오른뺨 때리는 이에게
왼뺨마저 돌려대란 말씀 대신
이는 이로 갚으며 살아왔노라고
거리를 뒤덮는 수많은 외설 속에
마음으론 간음했노라고
작은 양은그릇에 들어앉은
비단조개 모시조개 동죽조개
긴 혀 빼물고 이틀째 해감하고 있다
개중에는
자신은 잘못 없노라고
입 꾹 다문
죽은 조개도 있었다

# 은행알

가슴 뛰어 본 적 언제인가
그날따라
지중지중 돈벌이 쫓다가
마약 같은 핸드폰 하나 귀에 달다가
바쁜 걸음 지척대다가
허~ 웬 비가
은행나무 밑으로 들어가
언제 본 지 가물가물한 하늘
투덜투덜 올려보게 되었다
그러다 회색빛 가지에 매달린
6월의 해맑고 풋풋한 은행 알
올망올망 때 묻지 않은
그 연두들을 마주하게 되었다
별안간
거뭇하게 죽어 있던 가슴이 쿵쿵
제세동기라도 단 듯 뛰기 시작했다
생각해 본다
잡고 있는 것들과 놓치고 있는 것들
가슴 뛰게 하는 것과 멈추게 하는 것들
그리고 돈벌이와 해맑은 은행알을

## 호접란 앞에서


생일날 활짝 핀 호접란 화분
지인이 보내왔다
꽃 지고 난 화분
집에서는 다시 피지 않는다기에
베란다 한쪽에 버려두었다
그렇게 마음에서 지워진 호접란
한여름 무더위에
꽃대 쑥 올리고 있다
사람 고쳐 쓰는 것 아니라기에
호접란처럼 마음에서 지웠던 사람들
하나하나 떠올려 본다
조금 더 따스하게 손잡아 주었다면
조금 더 물 주고
조금 더 기다려주었더라면
때늦은 후회
호접란 꽃대 따라 쑥 올라온다

## 새 구두

새로 산 구두를 신을 때면 언제나
발뒤꿈치가 벗겨져 쓰라리다
그를 처음 만났을 때도
새 구두처럼 까슬하고
뻣뻣해서
마음의 뒤꿈치가 자주 벗겨졌다
-그건 선배 생각이잖아요
-만만치 않아요 선배도
상처가 나고 아물면서
구두가 헐렁해질 즈음에야 알게 되었다
내게 그가 새 구두였듯이
그도 내가 새 구두여서
그의 발뒤꿈치도 자주
벗겨지고 쓰라렸다는 것을

# 낙엽

자유공원 벤치 한쪽
억척스레 살아온 만기 출옥수들이
짧은 햇살 안주에
독한 바람 한 잔 마시며
나도 한때 잘나갔던 사람이라고
이름만 대면 다 아는 곳 출신이라고
확인할 수 없는
확인할 필요도 없는
뻔한 풍을 떨며
왁자지껄 서걱인다

누군들 목구멍이 포도청이란 말로
그 푸르른 시절
쥐꼬리만 한 월급에
스스로 수갑 채우지 않았던 사람 있던가
감옥 아닌 감옥에 갇혀
머리채 잡히고 휘둘리지 않았던 이들 있던가

그래도 세끼 밥 먹기 어렵던 시절
자식 굶기지 않고
어엿이 공부시켜 출가시키고

등 따실 집 한 채는 건졌으니
수인의 대가로는
이만하면 된 게지
성공한 게지
감옥도 훈장처럼 떠벌리며
불콰해진 사람들이
따스한 가을볕에 눅눅한 몸 말린다

## 목감기

명절이면 어김없이 찾아오는
반갑지 않은 세배꾼처럼
환절기면 잊지 않고 찾아오는 손님
절 받으라며 맨질한 콩댐 방바닥에
넙죽 엎드리듯
목구멍에 자리 잡고 바짝 엎드려
헛기침에도 도무지 일어설 기미 없는
아랫목보다 뜨겁고
콩댐바닥보다 뺀질거리고
조청보다 더 걸쭉하게 들러붙는 녀석
나 살아가며 누군가에게
이렇게 열렬히 구애한 적 있던가
이제 나이 육십 지나 칠십으로 가며
시.쓴.다 갖은 폼 잡지만
이리 뜨겁고 뺀질하고 걸쭉하게
뱉어내고 뱉어내도
악착같이 물고 늘어져 콜록거리게 한 적 있던가
시 한 줄 써놓고
무장무장 피어나는 잡생각에
벌겋게 얼굴만 달아오르는 오후다

## 첫눈

첫 아이가 태어날 것이라는
놀라운 일기예보가 발표되었다
달력마다 커다란 동그라미가 그려졌고
아이를 맞기 위한 계획들이
소복소복 쌓였다
일기예보도 예기치 못하는 삶처럼
종종 어긋나기 마련
삼일이나 늦게 아이가 태어났다
눈이 많이 오면
다음 해는 풍년이라는데
함박눈 같은 첫딸이라니
늙은 아버지는 폭설처럼 내린 첫눈에 갇혀
서운함을 애써 막걸리로 녹이는데
우리는 비행기를 타고
벌써 파리 에펠탑 위를 날고 있었다

# 2부
## 드렁허리

## 평잡이 숫돌

어릴 적
아버지는 무뎌진 낫을 갈다
오래된 보퉁이에서 숫돌을 꺼내
낫 갈던 숫돌을 한 번씩 갈았다

왜 숫돌을 가느냐 물으면
오래 쓰다 보면
숫돌도 군데군데 파여
가끔 평잡이를 해줘야 된다고 한다

살다 보면
새 숫돌처럼 꽤 괜찮던 사람이
어느새 울퉁불퉁 파여나가
쯔쯔 혀를 차게 만들기도 한다

숫돌 제 닳는 줄 모르는 법

이번 주말엔
거미줄 얼기설기한 시골집 광에서
아버지가 쓰던 오래된 평잡이 숫돌을
다시 꺼내 와야겠다

# 수 세기

숫자에서 냄새가 사라졌다

가령 1에서 나던 엄마 냄새라든지
2에서 나던 시큼한 아빠 냄새라든지
서로 1을 하겠다 칭얼대던 엄마 아빠 냄새라든지

수 세기를 알고부터다

더이상 아이는
연분홍 진달래꽃에서 엄마 젖가슴 냄새가 난다든지
라일락에서 봄 냄새가 난다든지 하지 않는다

진달래나무에 꽃 몇 송이가 피었는지
라일락 한줄기엔 작은 꽃이 몇 개나 달렸는지
진달래와 라일락 중 누가 꽃송이를 많이 달고 있는지
단지, 셀 뿐이다

모든 사물은 숫자가 되는 순간 냄새가 사라진다

부호만 남을 뿐이다

어른들은 그런 아이들을 보며 똑똑하다고
잘 자라고 있다고
머리를 쓰다듬었다

## 천냥금

강남 졸부인 양
봄이면 하얀 비단으로
가을이면 붉은 호마노로
온몸 치장하며 위세 떨던 그가

며칠 내린 폭우에
힘 한번 못써본 채
부실한 흰 뿌리 드러내며
제발 살려달라 백기 흔들어댄다

덕분에 사고 수습 맡은
아파트 관리소 직원들
의사가 기브스 하듯
각목 얼기설기 덧대고
붕대 꼼꼼히 감아
다시 심느라 분주하다

들어와 TV를 보는데
수재 현장에 내려간
어느 정치인 이야기가
폭우처럼 쏟아졌다

- 솔직히 비 좀 왔으면 좋겠다
　사진 잘 나오게

천냥처럼 아껴야 할 말
십냥처럼 써버리고
부러진 말 기브스 하느라
요즘 동네방네 요란하다

사람도 나무도
높이보다 깊이다

## 국숫집 할머니

국숫물처럼 팔팔 끓는 팔월
코로나로 모처럼 만난 동창모임도
오후 2시처럼 팔팔 끓었다
정치와 종교 얘기는 No
이 금기 금 간 접시처럼 깨져
대책도 없는 정치 얘기로
네 편 내 편 나뉘어졌다
밀가루 반죽처럼 머리 허연 노인네들이
웬 힘도 그리 좋은지
티격태격하다 밥때마저 놓치고
늦은 점심으로 찾은 허름한 국숫집
뻣뻣한 국숫발처럼 모임 내내
결코 구부릴 줄 모르던 노인들이
입 꾹 다물고 국수 삶는 할머니 바라본다
뻣뻣하던 국수
끓는 물에 금시 흐물해지고
팔팔 끓어오르면
찬물 한 바가지 부어 주저앉히고
끓어오르려면
찬물 한 바가지 부어 다시 주저앉히고
결국 능숙한 할머니 손에

대접 속으로 얌전히 담기는 국수
뻣뻣하던 노인들 국수처럼 흐물해진다

# 냉이된장국

올봄에도
어김없이 날아든 봄의 소환장에
호미 하나 들고 찾은 대안사 산둑
봄 햇살 아직 옹송그리고
아지랑이처럼 달뜬 마음
호미질 재촉하는데
아무거나 캐면 큰일 난다는
아내의 뿌리 깊은 잔소리
봄 햇살보다 따갑다

개냉이면 어떻고 지칭개면 어떤가
봄에는 개쑥도 약이라는데

저녁 밥상에 올라온 된장국
애호박 감자 두부에
해묵은 된장 풀고
갓 캐온 냉이 몇 뿌리 넣었는데
입안 달구는 향긋한 내음에
평상시 된장국과 다르다며
손주들 숟가락 덩실 춤을 춘다

뉴스 속 정치를 보다
그 맛이 그 맛인 된장국 같아
갓 캐온 냉이 몇 뿌리 넣는 것이
그리도 힘든 것인지
봄에게 묻고 싶어졌다

# 드렁허리

산 위에서 골 따라 내려오는 물
둔치보다 높은 논둑을 쌓은 윗논에서
바짝 물꼬를 틀어쥐었다
염천 더위에
윗논만을 바라보는 아랫논 임자
쩍쩍 갈라지며 타들어간다

어느 날 윗논 물,
옆논 아랫논으로 철철 흘렀다
윗논 임자 펄펄 뛰지만
드렁허리 한 마리
비웃듯
옹고집 논둑 여기저기에
구멍을 뚫어 놓은 것이다

독버섯처럼 돋아나는
네 주장 내 주장
논둑보다 더 높이 쌓여만 가는데

이 고집스런 논둑
뻥 뚫어줄
착한 드렁허리 찾아볼 수가 없다

# 거멀못


날 선 가윗날
부부처럼 힘차게 합쳤다
잘 익은 김치 쑹덩쑹덩 썰듯
어떤 어려움도 척척 자를 수 있다고
신나게 쭉쭉 갈라낼 수 있다고

살다 보면
삼겹살처럼 쉽게 잘리는 것도 있지만
쉬이 썰어지지 않는 일도 생기는 법

오돌뼈처럼 단단하고
떡심처럼 질긴 시간들을
힘겹게 자를 때마다
수평 맞지 않은 세탁기처럼
덜컹거리고
가벼운 농담 위에서도
미끄러지며 헛돌았다

등 시릴 황혼의 나이에
헐렁하게 잡아주던 거멀못
시집올 때 해온 놋주발 버리듯

쉽게 풀어버리고서야 알게 되었다

한 짝으로는 아무것도 자를 수 없다는 것을

## 간장독

흐드러진 목련 옆에
허리 휜 독이
갈색으로 구부정 서 있다

누렇게 곰팡이 핀
시름 두 덩어리
가슴에 띄워 놓고

한숨으로 우려내고
걱정으로 삭혀내며
모진 바람에 상할까
둥글게 휘돌리며
곰삭힌 세월

맑은 간장 길어내고
이제 잠시 쉴까
굽은 허리 두들기는데
시집간 딸 들락거리며
실어 나른
메주 두 덩이

굽은 등이
휘우듬하게 흔들린다

## 현충원 채명신 장군 묘비 앞에서

수많은 묘비들이
가로세로 줄 맞춰 묵상 중이다

한 사람 삶이 서너 줄이라니

그 몇 줄 인생 읽어가다
포탄 떨어진 듯 가슴 덜컹거린다

일병 OOO의 묘
상병 OOO의 묘
육군중장 채명신의 묘
병장 OOO의 묘

널따란 장군묘역 걷어차고
오순도순
사병들과 함께 묵상 중인 채명신 장군

하늘 가득 별똥별 쏟아진다

# 티백


　학교 졸업 후 처음 찾아온 친구 위해 찻물을 끓인다
　물 끓는 소리가 나고 그의 이야기도 끓기 시작했다
　주전자 뚜껑이 덜그덕 열렸다 닫혔다
　그의 40년이 덜그덕 열렸다 닫힌다
　참 우리도 그렇게 펄펄 끓던 시절이 있었지
　라이너 마리아 릴케를 끓이고
　쇼팽을 끓이고
　고흐를 끓이던
　밖에 세워둔 외제차와
　앞뒤 가득한 명함에
　얼마 전 이 친구 보증 섰다가 집 날렸다던 소문이
　수증기처럼 감겨왔다
　-무슨 차 할래
　-둥글레
　라벨이 떨어진 티백 하나 들어 올렸다
　이게 아무래도 둥글레였던 것 같은데…
　안을 볼 수 없을 땐
　뜨거운 물을 부으면

누구도 후끈해져 본신을 드러내는 법
-요즘 내가 무슨 돈이 있겠니
 은퇴하면서 집사람에게 재정 넘어간 지 오래야
그의 얼굴이 처음 본 부호처럼 식어갔다

## 개미귀신


개미귀신 산다는 신두리사구 가본 적 있지
꼬들한 바람 순정처럼 해당화 꽃잎 살랑거리면
순비기나무 곁에서 숨을 헐떡이는 언덕 끝자락
그 그늘진 모래밭 속에 만들어진 모래 깔때기 속으로
어리숙한 개미들 미끄러져
도롱뇽 몸통도 자를 것 같은 흉측한 개미귀신 이빨 앞에
마지막 체액까지 다 빨려버리지
빈껍데기가 되지
그 개미귀신을 전화기 속에서 만났네
아들이 돈을 갚지 않아 감금하고 있다며
수천만 원 가지고 나오라는 깔때기
어리숙한 개미 부부
미끄러져 들어갈 수밖에 없었지
몸부림치면 칠수록 빠져 들어가는 개미지옥
파도처럼 들려오는 비명소리는
단번에 팔이라도 잘려 나갈 것 같은데
호랑이에게 물려가도 정신만 차리면 산다는 말은
팥으로 메주를 쑨다는 말보다 더 아스라한 허공의 말

체액 다 빨리더라도
빈껍데기만 남더라도 살려야지
벌벌거리며 찾아간 은행에서
혼이 날아간 개미에게 내려온 마지막 동아줄
-고객님 보이스 피싱입니다

## 풀어진 나사못


직장에서 수십 년
이 눈치 저 눈치로
바짝 조여 있던 남자
퇴직 후, 완전 풀어졌다

현관문 활짝 열어놓고
보란 듯 외출하질 않나

자동차 창문 열어놓아
차 안 물바다 만들질 않나

호텔인 양 방마다 불 켜놓고
왼 종일 텔레비전과 뒹굴며
한 살림 실하게 차리질 않나

평생 공구 한번 만져보지 않던
백열등처럼 따듯하고
형광등 불빛처럼 부드럽던 아내
이젠 바짝 조여 보겠다며
팔 걷어부친 이른 아침부터
팽팽한 저녁까지

드라이버 들고
이쪽으로 죄보고 저쪽으로 죄보다
결국 나사머리만 망가트렸다

끝났나 싶었는데
아 뿔 사, 어디서 구했는지
아내 손에 들린 큼직한 몽키스패너
풀어진 나사못 바짝 오그라든다

# 풍선을 분다는 것


꿈꾸던 진급도 물건너가고
시계추처럼 반복되는 업무에
바람 빠진 풍선 같던 친구

야금야금 주식 손대더니
어느새 헛바람만 빵빵해져
공무원도 철밥통도 차버리고
주식시장으로 붕붕 날아갔다

된다 싶었는지
자기 돈 형제 돈 있는 돈 없는 돈 끌어당기고
마지막엔 미수까지 한껏 불어대다
결국 부풀대로 부푼 풍선
한방에 터져버렸다
자신도 가족도 처가도 공중분해다

오갈 데 없던 그가 이번엔
다단계 풍선을 불기 시작했다

얼마 팔면 얼마를 벌고
단계 단계 오르다 보면

비까번쩍 외제차에 해외여행 다니고
평생 돈 걱정 없이 산다고
후배 선배 찾아다니며
곧 터질 듯 위험위험한 풍선 거침없이 불어댔다

그 풍선 불어대는 소리
째깍째깍 시한폭탄 돌아가는 소리다

## 굴뚝새

평화아파트 옆
시무룩 서 있는 감나무 아래
굴뚝새 한 마리
이리저리 날아다닌다

굴뚝은 사라지고
굴뚝새만 남아
이리저리 날며
굴뚝 찾아 헤매는 세상

굴뚝이 막히기만 해도
빠지지 못한 연기
시커먼 아궁이로 되나와
온 집안이 희뿌연데

굴뚝조차 없는 세상에
웬 아니 땐 굴뚝에
연기는 가득한지
너나없이
눈물 콧물 범벅인 채
콜록거리며 날고 있다

## 시소

아이들이 시소를 탄다
올라가고 내려가고
내려가고 올라가고

심술궂은 아이 하나
올라가지 않으려 버티니
공중에서 내려오지 못한 아이
겁에 질린다

누군가 힘 주면
내가 공중에 매달리고
내가 힘 주면
누군가 공중에 매달리는
시소 같은 세상

올라가 봐야 거기고
내려가 봐야 거기인 시소 위에서
어른들
움켜쥐려 용쓰고 있다

# 3부
## 청양고추

## 선운사 꽃무릇

미인대회가 화엄 가득한 절에서 열렸다

금강역사라도 유혹하려는가
절 입구부터 대웅전까지
속눈썹 길게 늘어트리고
농염한 허리 슬쩍 비틀고
고혹한 미소 한 자락 베어 물고
카메라 렌즈 앞에서도
거침없이 드러내는
저 붉은 속살

불심 깊은 보살도
도솔천 노스님도
정신없이 외우는 황홀경 한 자락

대웅전 부처님
고뇌도 깊으련만
빙그레 염화미소 짓고 있다

## 청양고추


삼성산 자락 주말농장에 심은
고추 몇 그루
꽃 피고 실하게 고추 열리다
갑자기 비실거렸다
영양이 부족한가
비료 한 움큼 착하게 주었더니
부쩍 푸르러진다

사업에 실패하고 시들거리던 친구
주말농장 고추 심듯 교회에 심었다
영양실조 걸린 고춧잎처럼
비비 꼬였던 그에게서
검푸른 생기 종소리처럼 쏟아진다

신을 의지한다는 건
한줌 비료 같은 것
절망이 무덤처럼 쌓인 곳에
흐드러지게 꽃 피우고
실하게 열매 맺게 하는 일

농장에 고추꽃 하얗게 피고

댕그렁 댕그렁 고추 달리던 날
그도 환하게 웃음꽃 피고
매운 세상 더 맵게 달렸다
독한 청양고추처럼

# 예초기

지난봄 부지런히 심은 잔디
잘 살았나 산소에 가보니
잔디는 눈 씻어도 보이지 않고
쇠뜨기 억새 멍석딸기만 기세등등하다
예초기 윙윙 시퍼렇게 돌아가고
날 휘감은 채 안간힘으로 버티던 놈들도
단호히 잘려 나가고
어느덧 산소는 갓 이발한 머리처럼 새뜻하다
살펴보면 내 안에 자리잡은 수많은 잡초들
교만의 뿌리 쇠뜨기처럼 깊이 박혀
제가 주인인 양 거들먹거리고
억새는 미움만큼이나 얼마나 질기던가
잠시 한눈팔면 욕심의 덩굴, 멍석딸기처럼
흉흉한 가시 앞세우고 제자리를 넓혀가던가
봉분의 잡풀 제거하듯
오늘도 말씀의 예초기 들고 하나하나 잘라낸다

## 산천보세 1

오래전 살던 아파트 앞집은
서울에서 가구업을 하는
난분처럼 나지막한 키에
사철 푸른 웃음을 달고 사는
넉넉한 사람이었다

얼큰한 저녁이면
막걸리 한잔하자며
쿵쿵 문 두드리던 그는
난분마냥 숭숭 구멍이 뚫려
무슨 말을 해도 편했다

동짓달 지나 설만 되면
아버님께 세배한다며
늘 찾아오던 그

아버님 하늘나라 간 지 오래건만
신도시로 이사가며 그가 주고 간
앉은뱅이 같은 산천보세는
올해도 세배한다며
넙죽 꽃을 피웠다

## 금강산 화암사 매미

금강산 일만이천봉
그 첫 봉우리 신선봉 아래
코로나로 인적마저 끊어진
화암사 가는 길

이끼 낀 열반송비 부여잡고
목 터져라 깨달음 전하는
스님 한 분 있다

-일생을 돌고 돌았으나
한 걸음도 옮긴 바 없나니
본래 그 자리는
하늘과 땅보다 먼저이니라 *

시주 주머니 팽개치고
공양도 건너뛰고

온종일
가슴까지 파르르
떨며 외쳐대는 열반송, 그 끝에
조만간 사리 나오겠다

* 성림 월산스님의 열반송

# 헛 신발

교통사고로 뇌를 다쳐
치료하던 병원마저 포기한 남편
팔 다리 나란히 정렬한 채
침침한 방 한 켠
신발처럼 묵직하게 10년째 놓여있다
부인이 밥은 먹는지
아픈 데는 없는지
나갔는지 들어왔는지
알아보지도 못하고
무심한 신발코처럼
꽉 다문 입을 하고
얼룩진 천장만 종일 응시한다
점심때면 남편 허기질까
20분 거리의 공장에서
헐레벌떡 뛰어와
밥 한 숟가락 떠먹이고 가는 부인
긴 병에 효자 없다는데, 그녀
흰 고무신보다 더 환한 얼굴로
한결 달고 사는 말
- 밤이면 얼마나 든든한지 몰라

## 공갈빵


짜장면이나 한 그릇 하자며
모처럼 찾아간 인천 차이나타운
빙탕후루 같은 바다열차 기다리며
개항장거리에 가면 꼭 먹어보라는
공갈빵 하나 집어든다
욕심 많은 복어처럼 그 빵빵한 속에는
무엇이 들었을까
양손에 힘주는 순간
퍼석하며 산산조각 나는 허풍선이
내 칠십여 해도 이 같은 공갈빵일 것이다
대학 나와 남부럽지 않은 직장 다니며
자식들 번듯하게 독립시켰다
한껏 부풀었지만
공갈빵처럼 퍼석 부서지는 일순간
텅 빈 어창처럼 그 밑창 드러나겠지
바다열차는 씽씽
차가운 바람 가르며 달리는데
해수탕에 들어온 듯 후끈하다

## 산천보세 2

정월이면 어김없이 꽃 피운다는
산천보세 화분 하나, 귀하게 들여놓았다
아이 키우듯
아침 햇살 잘 드는 동남향 창에 놓고
반지르한 잎 매일 닦아주고
부족하지 않게 정성스레 물도 주며
꽃피기 기다리길 수년, 아직 감감하다
결국 허풍든 입만 무성해져
시들은 나무처럼 베란다에 버려졌다

난 잎마냥 반지르한 남자를
귀하게 들여 논 그녀
아이들 피아노 강습하며
언젠간 철들겠지
번듯한 직장 잡겠지
사업한다던 헛바람 빠지겠지
물주며 기다린 지 십여 년, 감감했다
그녀, 더는 못 참겠는지
시퍼런 이혼청구서 내밀며
문밖으로 등 떠밀었다

버려진 화분처럼 시린 세상 전전하던 그 남자
땀내 절은 작업복 차림으로
밥물 끓는 어느 저녁 불쑥 들어왔다

입동 지나 소설
눈 부릅뜬 산천보세
허겁지겁 꽃대 하나 쑥 밀어 올렸다

# 라일락


하늘 향해
소망의 줄기 올곧게 뻗지 못하고
증거 보여 달라던 도마처럼
의심의 곁가지만 무성하였습니다

궁핍한 이들 위해
잠시 쉬어갈 그늘도
헛헛한 속 다스릴 한 줌의 열매도
선뜻 내어놓지 못했습니다

감사로 가득 차야 할
발그스레한 가을은
칙칙한 원망으로 물들었습니다

움켜쥐고 있던 모든 것
우수수 떨치고 오른 겨울 언덕
참회의 눈물이 고드름처럼
주렁주렁 달렸습니다

너를 사랑한다며
따스한 봄바람으로 안아주시던 날

비로소 옥합 깨뜨려
당신 발 씻긴 여인처럼
보랏빛 향유 두 손에 받쳐듭니다

# 소나기 1

한낮 안양 중앙시장에
흉악한 마적이 나타났다
숨을 곳 하나 없을 새파란 저 하늘
그 어딘가에 웅크리고 있다
느닷없이 날카로운 창을 던지곤
수리산 쪽으로
말을 몰고 달아난다

길바닥엔 다친 사람 천지다
장보러 나온 할머니
좌판 벌려 놓은 아저씨
이 가게 저 가게 기웃거리던 아주머니
손자 손녀 손 잡고 길 가던 할아버지
줄줄이 맑은 피를 흘린다

그런데 이상한 건
병원 갈 생각도
신고할 생각도 없는 듯
허허하며
사라진 마적에게 보내는 헛웃음

빼앗긴 건 더위뿐이니까

# 귀뚜라미


귀 뚜루~ 귀 뚜루~

정곡을 찌르는
송곳 같은 말 토해내기가
아픈 곳 콕콕 찌르는
손톱 밑 가시 같은 말 쏟아내기가
어디, 쉬운가

섬돌 밑
어둠 한 쪽 베어 물
오진 마음 아니고서야
그게, 쉬운가

찬 서리 내리기 전
길가 은행잎 우수수
흰 눈처럼 쏟아지기 전

귀 뚜루~ 귀 뚜루
제 할 말만 쏟아놓고 겨울이다

## 진달래꽃

난 조신한 여자 되긴 틀렸나 봐
아무리 급해도 그렇지
잎도 피기 전
화들짝 달려 나오다니

건너 철쭉네처럼
새빨간 마음
속옷 겉옷으로
겹겹이 감추든지

아니면
한여름 호박처럼
커다란 잎 뒤에 숨어
응 응
주렁주렁 자식 낳고도
정숙한 척
시치미 딱 떼고 있든지

아니면…

난 그렇게는 못해요

보세요 내 얼굴
이 연분홍
타는 부끄러움을

## 새싹

봄이면
불쑥불쑥
푸른 생각이 땅을
비집고 나온다

서둘러 꽃 피울지
줄기 세우고
잎을 달고
더디게 피울지

노랗게 필지
자줏빛으로 필지

아무리 맵고 차게
소소리바람 흔들어대고
봄 햇살 살랑거려도

수선화는 수선화대로
붓꽃은 붓꽃대로
제 모습대로
저들만의 시간에 핀다

# 냉면

푸석한 일상을
치대고 치대어서
찰지고 탱글탱글한
한 그릇 냉면으로 담아내고 싶다

장독에서 곰삭은 동치미 국물과
밤새 우린 양지 국물의
깊고 맑은 육수를 붓고
밋밋한 일상에 정신 번쩍 들
살얼음도 동동 띄우고
막힌 가슴 확 뚫리게
알싸한 겨자도 집어넣고

그 위에
편육 몇 조각
달걀 반쪽
오이채 배채
맛깔나게 고명으로 얹어

한 젓가락 입에 물면
환한 미소

구름처럼 번지는
시원한 냉면 같은 하루를
면발처럼 길게 늘어뜨리고 싶다

# 맷돌


구멍투성이인 너와 내가
맞물려 살아간다

드르륵 거리다
덜컹 거리다
휙휙 헛돌기도 하다

엎어지기도
엇갈려 튕겨 나가기도 하다

콩도 갈고
녹두도 타면서
보듬고 끌어안고
맞물려 돌아가다 보면

철철
눈물이 나기도 하고
후드득 후드득
아픔들도 떨어져 나가면서

어느덧

구멍들이
메워지고 얕아져

한세상
춤추듯 돌아간다

# 4부
## 11월 장미

# 김장

더 추워지기 전에
김장이나 하자며
새우젓마냥 곰삭은 얼굴들이 모여
무 배추 마늘 생강
한가득 남새들을 다듬는다
곧게 자란 것
비뚤하게 자란 것
단단한 것
무른 것
살아온 시간처럼
모양도 맛도 어찌 이리 다른지
겉잎은 떼어내고
썩은 곳은 도려내며
남편 얘기 시댁 얘기
김장 냄새보다 더 알싸하다
남편은 썩둑썩둑
시댁은 쑹덩쑹덩
가슴 옹이마저 썰어버리고
벌써 다 끝났냐며
아쉬운 듯 돌아서는 길
남편 밥상 올린다며

김장 한 포기 담는 얼굴들이
갓 잡아 올린 강화 앞바다 새우처럼
팔딱팔딱 싱싱하다

## 흥안대로 223번길

흥안대로 223번길에는
은행잎과 벚잎 나란히 살아갑니다
때론 맞닿기도 하다
때론 서걱거리기도 하다
난 부채모양 넌 타원형
곧 갈라설 것 같지만
초록은 동색
이유 같지 않은 이유로
한여름 초록초록 살아갑니다
흥안대로 223번길에서는
난 노란색 넌 붉은색
그래 갈라서야 한다고
갈라설 수밖에 없다고 생각될 때
이들
잡고 있던 줄기 박차고
서슴없이 내려와
이젠 같은 땅거지 신세
없는 이유 만들며
노랗게 빨갛게
가을가을 걸어갑니다

## 백령도 가는 길


설레임 타고 백령도 가는 길
파도가 높아 뜨느니 마느니 하다
역시 돈 때문에 배는 떴다
용왕처럼 앞쪽에 떡하니 자리 잡고
키미테 붙이고 멀미약 마시고
약 기운에 슬며시 파고든 잠
대포알 터지는 소리에 소스라쳐 깬다
배가 하늘로 솟구쳤다가
인당수 저 밑바닥까지 내려 꽂힌다
두문진처럼 높이 솟구친 파도는
당장이라도 덮쳐 올 것 같다
선원도 승객도
까만 비닐에 하얀 얼굴을 묻고 걱걱거린다
심청이처럼 용왕 만나는가 싶을 즈음
난파선이 되어서야 부두에 닿았다
인당수 품고
백령도처럼 떠난 사람
더듬어 가는 길은 더 아득할 것이다

## 화성 북암문 앞에서


그와 나 사이
작은 암문 하나 내고 싶다

장안문처럼 크지 않게
창룡문처럼 높지 않게

있는 듯 없는 듯
응달지고 후미진 곳

가령,
방화수류정 내려서는
용지 옆 비탈이라든지

서장대 치달려 올라가다
하늘 끝 새털구름처럼
수줍은 듯
휘어져 나간 모퉁이라든지

보일 듯 말 듯

한 보퉁이

벌레 구멍 펑펑 난
푸성귀 같은 진심들이
푸릇푸릇
오고 가기 편한

그와 나 사이
작은 암문 하나 내고 싶다

## 석수동 마애종 울다

암벽에 새겨진 종 하나
날아 오를듯한 용뉴와 음통
어깨 부분 유곽과 배 부분 연꽃무늬 당좌
섬세하다

당목 잡고 종을 치고 있는
허름한 가사 걸친 선사는
정중앙의 당좌가 아닌
엉뚱한 곳 두드리고 있다
허술하다

종 어디를 쳐야 하는지도
모르는 사람이 나중에 새겼구나
쯔쯔 혀를 차며 돌아서다가

너도 당좌를 비켜 엉뚱한 곳
두들기고 있지는 않은지
깨진 종소리로 세상만
시끄럽게 하고 있는 것은 아닌지
돌아보라 저 선사
말하고 싶은 것이라면

뎅~뎅~
머릿속 한가운데를 마애종 때린다

## 말매미, 껍질 벗다


첩 자식이라는 껍질은 질겼다

태어난 깊은 땅속은
밝음조차도 어둠으로 읽히는 곳
유명 대학도 일류 직장도 결혼도
탈피의 단초가 되진 못했다

매일 말술과 싸우고
사소한 일로 동료와 싸우고
집에서는 부인과 싸우며
점점 흉측한 애벌레가 되어가던 그

어느 무더운 여름날
암매미 손에 끌려간 부흥회에서
신을 만났다며
성경책 고물고물 기어오르더니
탄탄한 공기업도 벗어던지고
푸드득 개인택시로 날아갔다

마음껏
자신처럼 질긴 껍질 뒤집어쓴 이들에게

생명의 노래 들려주겠단다
차르르르 차르르르
목청껏 한여름 노래 부르다 가겠단다

말매미, 껍질 벗었다

## 2월 산수유

저 붉디붉은 얼굴은
읍내 졸업식에서
애면글면 우등상장 거머쥔
초등학교 아이의 상기된 얼굴이다

산골아이에게
과외는 머나먼 별
햇볕 같은 전과*도
높디높은 가문비나무의 이야기

잔설 남은 이른 봄부터
평등한 교과서에
샛노란 꽃 피도록 마냥
읽고 쓰고 읽고 쓰고
또 외웠다

노력 앞에
기울어진 세상도 길을 내주듯
어느새 손에 쥐게 된 붉은 상장

오늘은

흰 눈 소복소복 내려앉아
그 빛깔 더 붉다



* 전과 _ 옛날 초등학교 참고서 종류.

## 봄날은 짧다


신도시 아파트 단지 한 귀퉁이
넓은 대지 위 보란 듯 자리 잡은
빨간지붕에 대리석 3층 양옥
흘깃 보면 멀쩡한 듯
하지만 이십 년 넘은 폐가다

한때
성냥갑 같은 아파트 거주민들의
빛난 로망이던 그 집
봄날이면
박태기 모란 라일락 앵두
꽃들의 현란한 향연 속에
들썩들썩 가든파티 열리고
현관문엔 이름난 곳에서 받아왔다는
입춘대길 건양다경 부적 번쩍였다

찬란한 봄날은 짧았다

노부부 앞서거니 뒤서거니
하늘길 떠나고
유산 싸움으로

우애 좋던 형제도 집도
폐가가 되니

정원 등기 넘겨받은 개망초
신이 나 우쭐대고
깨진 유리문 앞에서는
눈 찡그린 바람이
빛바랜 부적을 읽고 있다

## 꾸역꾸역

옛날 어른들 아플 때마다 하는 말
밥맛 없어도 삼켜야 한다고
꾸역꾸역 먹어야 한다고
그래야 빨리 낫는다고
듣기 싫은 말이었는데
경춘당 한약처럼 쓴 말이었는데
나도 어느새 손주들
아플 때면 꾸역꾸역 새겨준다

내가 없는 카톡방에서
듣기 거북한 내 얘기 오간다는 걸
지인이 고맙게 보내왔다
남의 일일 땐 강 건너 불구경이었는데
아프다, 빨간약 바른 듯 쓰라리다

몸 아플 때 꾸역꾸역 밥을 먹듯
신자는 맘이 아플수록 성경
꾸역꾸역 먹어야 하는데
가슴이 까끌거려
수취인 불명의 편지처럼 입맛
돌아오지 않아 먹을 수 없다

그래도 빽빽한 새벽을 열고
꾸역꾸역 밀어 넣어 본다
모든 일을 원망과 시비 없이
못한 나를 꾸짖으며

# 기근

술술 풀릴 때보다
흐린 물속처럼
가슴 답답한 일 천지 아닌가요
산다는 것은

천리포 낙우송
그도
숨 막힌다며
땅속 더듬어야 할 뿌리로
괜한 하늘
찌르고 또 찌르네요

어스름 저녁
술집으로 노래방으로
기근을 뻗어대는 청춘

이들도 단지
숨 한번 크게 쉬고 싶었을 뿐이겠지요

# 커피 향

얼마만큼 달구어야
화석 물고기처럼
갇혀 있는 그대
불러낼 수 있을까

얼마만큼 부수고
얼마만큼 갈아내야
그대 숨결
실처럼 뽑아내어
한 잔 담아낼 수 있을까

얼마만큼 이 길이
닳고 닳아야
그대 빗장 풀릴 수 있을까

창밖에 눈 내리고 쌓여
한 발짝 뗄 수 없는데
한 발짝도 나갈 수 없는데

## 민들레 홀씨


민들레 씨방 같은 도서관에
하얀 홀씨들 빼곡하다
날아오를 채비 마치고도
희망과 절망을 대여하고 반납하며
몇 년씩 푸석한 갓털만 다듬는다

시멘트로 세워진 단단한 도시다
한 줌 흙이라도 찾아 뿌리내리고
꽃을 피우겠다는 노란 꿈은
먼지 가득한 서가 속
낯선 기호로 분류된 난해한 책자
눈높이 조절용 안경을 써야만
해독 가능하다

오늘도 이 깨달음의 경 받은 홀씨들
아귀 꽉 끼워진 블록 같은 세상 속에서도
실낱같은 틈새 비집고
안간힘으로 버틴다

그들 기어코 노란 꽃 피울 것이다

# 11월 장미


수다스럽게 피던 꽃들
장날 주인 못 찾은 물건들처럼
하나둘 겨울 뒤집어쓰고
다음을 기약할 때

화단 귀퉁이
고집스런 입매로
일인 시위를 하는 여인의
붉은 몸부림

딱하다고 하는 사람
대충 넘어가지
혀 끌끌 차는 사람

모두가 고개 끄덕일 때
아니라 외치는 누군가로 인해
세상은
한 걸음 한 걸음 나아가는 법

세상을 거슬러 오르는
저 붉은 외침에

다가올 겨울이 벌써 환하다

# 11월 나무

한 생을 바친 일터를 떠난다는 건
훌훌 잎 떨구는 한 그루
11월의 나무가 되는 것

아쉬움은 단풍잎처럼 붉지만
염려 은행잎처럼 켜켜이 쌓여가지만
갈잎처럼 조용히 내려앉아
차장 부장이라는
익숙한 이름 대신
아저씨 할아버지 저기여
통칭의 이름 부여받는
쌉쓰레한 시간

잎 떨어진 나무는
굵은 나무 가는 나무
곧은 나무 굽은 나무
매끈한 나무 옹이진 나무
숨겨진 자신의 이름으로 돌아가고

그럼
직함 떨어진 내

아저씨 할아버지 앞에는
어떤 이름 새겨 있을까

정직한 11월의 나무에게 가만히 묻고 싶다

## 비상飛上

400톤의 무거운 짐 홀로 들고
땀 뻘뻘 흘리며
하늘로 날아올라야 하는 비행기

앞길 거세게 막아서는
맞바람 찾아
부지런히 활주로 옮겨 다닌다

비상을 꿈꾸는 사람도 마찬가지다

무거운 동체 들어 올리려면
짧은 활주로 달려 비상하려면

등 밀어주는 뒷바람은 뒤로하고
거세게 불어오는 맞바람은 맞아야 한다

하늘 날을 양력,
나를 대적하는 사람들과 손 맞잡을 때
비로소 만들어진다

# 5부
## 생일 선물

## 사과를 깎으며


거실 귀퉁이 상자에서 꺼낸 밀양사과 한 알
깎이면 깎일수록
깊은 멍자국 선명하게 드러난다
얼음골보다 더 차가운 세상에서
만나고 스치며 부닥치는 일 다반사라지만
풀지 못할 아픔 얼마나 깊었길래
푸른 멍 불도장처럼 새기고 있었을까

빨간 사과처럼 곱던 집사람도 멍이 깊었다
어머니와 함께 산 십여 년
시집살이 이름값 하듯
어머니 떠난 지 이십여 년 지나도
고장 난 벽시계 뻐꾸기처럼, 넋두리
불쑥불쑥 튀어나왔다

아픔도 세월에 절이면 순해지는지
이제는 그 멍들 시린 단맛 들어
옛날얘기 하듯 순해지고
사과에 산탄처럼 박힌 멍도 푸석해졌다

툭툭 멍을 잘라내는 집사람 얼굴
사월 사과밭처럼 하얗게 핀다

## 가을 느티나무

시골 어머니처럼 오래된 느티나무
침침한 눈 비비며
이불 한 채 짓고 있다

시린 겨울이 되면
변변한 덮을 거리 없는 이불 속은
언제나 자식들의 전쟁터
서로 덮겠다 움켜쥐고 잡아채다
울퉁불퉁한 맨발은 한뎃잠을 잔다

상강 지나 입동 들어서면
어린 자식들 덮어주겠다며
입던 옷마저 우수수 벗어
조각조각 덧대던 어머니

늦은 밤까지
아릿한 사랑 길~게 뽑아
한땀 한땀
어둑한 시침질 한다

## 참나무 등걸

모락산 정상 오르다 불쑥
마주친 키 넘는 벼랑
안 되겠다 돌아서는데
그늘진 바위 틈새로 보이는
참나무 등걸 하나
손때 얼마나 묻었는지
반질하다
단단히 잡고 훌쩍 올라선다
내 안에도
어머니 심어 놓은 참나무 하나
이제 등걸로 자리 잡았다
- 포기하지 말아라
  죽을 거 같아도 살다 보면 길이 열리더라
키 넘는 벼랑 만날 때마다
얼마나 붙잡았는지 지금은
반질반질하다
나 죽기 전 저런 참나무 등걸 하나
물려줄 수 있기를…

# 비닐우산

비 오는 날이면 아버지
자식들 수만큼 우산을 준비했다
대나무로 만든 얇은 비닐우산은
약한 바람에도 쉬이 망가졌고
살이 부러지면 아버지는
모아 두었던 헌 우산에서
실한 살 떼어내 꽁꽁꽁 덧대고
비닐이 약해 찢어지면
성한 비닐 찾아 촘촘촘 꿰매었다
자식들도 커가며 우산처럼 종종 망가졌다
약한 살은 여기저기 부러지기 일수고
비닐은 찢어져 너풀거리기도 하고
돌풍 만나 훌러덩 뒤집히기도 하고
그때마다 아버지 눈물로 싸매었다
가난한 집 태어나
변변한 우산 하나 없이
일제징용 육이오 보릿고개 같은
살 파고드는 장대비 채찍비 달구비
자식 위해 맨몸으로 맞은 아버지
돌아보면 그분이 우산이었다

# 목련

집 앞에 환히 핀 목련
넘어지지 말라
진흙 웅덩이 조심하라
불 밝히고 서 있다

어머니도 그러셨다
세상은 곳곳이 웅덩이라
보고 또 보고 건너야 한다고

그러나 세상이 보고 또 본다고
알 수 있기나 한 것일까
들길에 소나기를 만나기도 하고
돌연 지나가는 차가 튕긴 흙탕물에
온몸 뒤집어쓰기도 하는데

어머니도
나이 칠십이 넘어
결국 웅덩이를 만났다
자식 둘 먼저 보내고
치매를 만나고
홀로 되고

고향집 앞 마당
어머니 심어 놓은 목련
여전히 불 밝히고 서 있다
더 조심할 것은
무심한 세월의 웅덩이라며

## 생일 선물


그릇과 그릇이 끼어
팽팽하게 당기며 서로 놓지 않는다
힘을 꽉 주자니
결혼 때 사 온 그릇 깨질 것 같다

처형 집에 가면서
운전대 잡은 아내에게 천천히 가라
왜 그리 빵빵거리느냐 입운전 하다
우리도 그릇처럼 끼어버렸다

따듯한 물을 부어도
세제를 넣고 부드럽게 달래도
팽팽함이 물러서질 않는다

혹시나 하고 나무젓가락 살짝
그릇 틈에 넣고 들썩거려 보았다
기다렸다는 듯 안쪽의 그릇 툭 빠져나온다

집사람 생일에
평상시 갖고 싶다던 가방을 젓가락처럼
슬며시 집어넣고 들썩거려 보았다

가자미눈의 아내가
이것 가지고 될 거 같아 하면서도
쏙 지느러미를 털며 빠져나온다

## 말짱 도루묵

손주 돌보느라 고생했다며
옷이랑 신발 쇼핑하고 지지배배
봄날 종다리처럼 지저귀며
현관문 들어서는 모녀
그 결속 단단해서 불안하다
시집간 딸과 엄마의 맞잡은 손은
일회용 비닐우산
새로 산 이동옷걸이 설치하느라
낯선 기사 방에 들였다고
폭풍처럼 쏟아내는 딸의 앙칼에
힘없이 훌렁 뒤집혔다
볼일도 못보고
쉬지도 못하고 기껏
기사 기다려 옷걸이 설치해주곤
수고했다는 말 대신 얻어맞은
송곳 같은 소나기
선물로 봄꽃처럼 환했던 엄마 얼굴
목련꽃처럼 누렇게 뚝뚝 떨어졌다
오늘도 수십만 원 선물
말짱 도루묵이다

## 능소화

여기저기 삐그덕거리기 시작하는
서러운 나이 육십 중반
배뇨 한번 시원스레 해보겠다 병원 찾았다가
수술마저 잘못되어 염증이 깊어졌다
삼엄한 코로나19 속
삼십구도의 고열은 큰 죄
링거 줄에 묶여
1인실에 수감되었다
병수발 해주겠다던 집사람
손주 뒷바라지로 빼앗기고
패혈증으로 진행될까
홀로 감당해야 하는 두려움이
무심한 수액 타고 방울방울 떨어진다
-힘드시면 옥상이라도 한번 가보세요
안쓰러운 간호사 말에
힘을 내 올라간 옥상
줄기줄기 링거 줄에 매달린 여인들이
황금빛 웃음을 건넨다
삼십구도 열기에
늦가을 작두콩처럼 안절부절할 때
오십도 열기에도

악착스레 꽃을 피우는 여인들
한 생을 건너는 방법 제각각이랴지만
내 부끄러운 삶이여

## 남은 구두 한 짝


최씨부부는 한 켤레 구두였다
장 본다며 시장도 같이 가고
저녁이면 구구팔팔하자며
나란히 공원도 산책하고
맛난 음식점 함께 찾아다니고
움츠렸던 나무들
한껏 기지개 켜는 봄날이면
반짝반짝 광택 내고
여행도 함께 다녔다
그러던 어느 날
한 짝이 망가지기 시작했다
구부정한 걸음걸이 고쳐보기도 하고
굽 갈이 창 갈이도 해보았지만
깊은 병에 장사 없는지
결국 한 짝을 먼저 떠나보내고 말았다
그 슬픔 너무 깊어
실어증에 루게릭병까지 얻으며
신발장 속 두터운 어둠에서 버틴
칠 년여 세월
그것은 홀로 남은 구두 한 짝에게

제 발로 걸어 들어간
지독한 순장殉葬이었다

# 소나기 2

일기예보에도 없던 소나기
후두둑 지나간 후
얼빠진 감나무 아래
채 익어보지도 못한 채 떨어진 풋감,
바라보는 감나무 온몸 울음자국이다
아버지도 젊은 시절
예기치 못한 소나기를 만났다
사랑방에서 잠자던 셋째가
한밤중 탈영병 총탄에 풋감처럼 떨어졌다
생때같은 자식 묻고도
고래실에 나가 물꼬를 보고
저녁이면 쇠꼴을 베며
꾸역꾸역 먹어야 했던 아버지
말갛게 햇살 가득한 날도
당신의 가슴에선 시도 때도 없이
천둥 치고 번개 치며 소나기 내렸을 터
텅 빈 사랑방을 바라보는
아버지 눈은 평생 연시처럼 붉었다

## 박카스


곧 올 듯 올 듯하던
봄비가
한 달이나 걸려
드디어 오늘 아침 배달되었다

현관 앞 화단에서
시름시름하던 제비꽃이
저요, 하며 일어서고
축 늘어졌던 노란 개나리도
서둘러 긴 손을 내민다

힘내라고
살며시 등 두들기며
종일토록 스며드는 봄비

그 옛날
고된 일 하시다
박카스 한 병으로 힘내시던
어머니 아버지처럼
봄비 한 병에
지친 화단 환히 일어선다

## 에스프레소Espresso


한 모금 물면

폭풍처럼 밀려오는
쓴 맛

있는 듯 없는
잡힐 듯 잡히지 않는
살랑 스쳐 간 인연 같은
단 맛

살면서 맞닥뜨리기 싫은
그러나 맞닥뜨리게 되는
세상 모서리 같은
신 맛

엄니 달고 살던
쓰고
달고
시던
그 떨떠름한
잔소리 맛

## 아이스 아메리카노

구질구질 비오는 날
좀처럼 마를 기미 없는 빨래
척하니 거실에 들여놓고
제습기 그 앞에 틀어 놓으면
축축한 옷들 금방 뽀송뽀송해지듯
젖은 청바지처럼
피곤에 푹 절은 몸
빨랫대 윗 칸에
척 걸쳐놓고
아이스 아메리카노 한잔 틀어 놓으면
눅눅하던 것들 금방 뽀송뽀송해진다

그녀에게 아메리는
고장 나지 않는 제습기다

## 숨바꼭질


-할아버지 술래야
손주들이 거실로, 방으로 뛰어 간다
-하나, 둘, 셋… 아홉, 열!

일곱 살 손녀는 방문 뒤에 숨어있다
모르는 척 문을 열고
책상 밑, 장롱 속 여기저기 기웃거리다
-어디에 숨었는지 도무지 모르겠는 걸
하며 방을 나온다.
등 뒤에서 킥킥, 천둥소리처럼 들려온다.

네 살 손자는 거실 커튼 뒤에 반쯤 숨어있다
눈 마주치니
눈밭 꿩처럼
커튼 속으로 얼굴만 파묻는다.

못 본 척
-애들아 정말 못 찾겠다. 빨리 나와
아이들이 깔깔거리며 뛰어나온다
숨어있던 행복도 슬며시
그림자인 양 따라 나온다

## 달개비꽃


개똥배미 다섯 마지기
산 꼬랑이에 붙은 천둥지기 여섯 마지기
손바닥만 한 농사로
오 남매 배곯게 하지 않으려
어둠이 채 가시지 않은 새벽부터
허리 굽도록 일하던 아버지

힘들고 지친 날은
약을 달고 사는
어머니 향해
몇 시간의 잔소리로
성난 마음 녹이는데

말없이 듣던 어머니가
슬그머니 피한 뒤란에는
스무 촉 희미한 백열등이
낡은 창호지 비집고 나와
을씨년스럽게 비추면

멍든 가슴 헤집고 나온
어머니의 끊어질 듯 이어지는 한숨이

파란 달개비꽃으로
장독대 사이마다 피어났다

■ 해설

# 비유 건너 의미로 넘어가기
— 김태경 시를 맥 짚다

배 준 석
(시인・『문학이후』 주간)

### 이중 잣대

시는 이중적이다. 시 자체가 비유로 되어 있기 때문에 어느 한 단면만 가지고는 제 역할을 하기 어렵다. 시는 특별한 양식으로 쓴다는 말이 바로 여기에 있다. 비유는 두 개의 사물이 서로 부딪친다든지, 두 개의 이미지가 겹쳐지며 새로운 이미지를 만든다든지, 아니면 두 개의 이야기를 통해 입체적인 의미를 만든다든지 하는 일이다. 그때 비유되는 대상과 서로 거리가 멀다든지, 시인 스스로 낯설게 만든다든지, 시인도 모르는 모호한 설정을 제시하기도 한다. 이는 시의 본령이지만 그러한 특성을 요즘처럼 바쁘고 할 일 많은 세상에 끝까지 애정으로 읽고 이해해줄 독자를 만나기는 쉽지 않다.

갈수록 세상 어렵고, 시도 어렵고 그 어려운 숙제를 스스로 떠안기도 하고 독자에게 떠넘기기도 하는 일들이 허다한 시 세계에 선뜻 들어서기란 생각처럼 쉽지 않다. 이렇듯 어려운 것이 시인데도 숨겨진 매력이 있어 쓰는 사람은 많고 상대적으로 읽는 사람은 적다. 시는 멋있고 낭만적이고 서정적이라고 믿으며 시구절을 인용도 하지만 한편으로는 풀어봐도 풀리지 않는 암호 같아서, 이해가 되지 않아서 시집을 덮거나 놓아버리는 경우도 많다.

이처럼 어려운 것과 달리 쉬운 시들도 많다. 채 시화되지 않은 직설적인 글들이 시의 이름으로 여기저기 돌아다니고 있다. 이 또한 시의 이중적인 모습이다. 시 자체가 이중적이라 시가 보여주는 다양한 모습을 여기서 다 따져보기는 어렵다. 다만 어려운 시와 쉬운 시 문제를 꺼내 본다. 그리고 그 중간에 좋은 시라는 말은 없지만 많은 사람이 공감하고 감동까지 불러일으키는 보편적인 시가 있다. 요는 그 중간 지점에서 이야기하는 것도 확실하게 좋다거나 아니라고 말하는 데 부담이 있다. 시에 관한 관점이 다양하기 때문이다.

일련의 이러한 이야기는 김태경 시인의 시 세계를 이야기하는 데 유용하다. 인생이라는 극장의 2막에서 늦게 시작詩作에 입문한 김태경은 튼튼한 시 창작 수업을 해왔고 그 결과 등단을 했다. 그리고 그 결과로 한

뭉치의 원고를 들고 와 첫 시집을 만들겠다고 했다. 생각보다 많은 시편에 놀랐고, 상당 부분 시 창작 시간에 꼼꼼하게 공부한 흔적이 배어있어 두 번 놀랐다. 그리고 작품 수준이 고르다는 것에 세 번 놀랐고, 연륜에 맞는 신선한 소재와 의미 확보를 하는 모습에서 네 번째로 놀랐다.

무엇보다 불필요하게 어렵거나 그렇다고 속이 다 보이는 쉬운 시가 아니라는 것이다. 알맞은 비유와 신선한 소재와 잔잔한 의미가 만들어 내는 삼박자는 첫 시집이지만 그 진가를 한껏 올리고 있다. 그래서 독자에게 부담 주는 것이 아니라 교감을 나눌 수 있는 분위기를 만들고 있다.

### 소재 발탁

무엇을 쓸 것인가는 소재의 문제다. 대개 정제되지 않은 개인적 감정이나 주변 이야기에 머물며 직설적인 표현으로 접근할 때 시는 어려움이 따르게 된다. 이미 많은 사람이 소재로 사용한 것은 부담이 될 수밖에 없다. 그때 신선한 소재를 찾아낸다면 탄력을 받게 된다. 소재가 시 한 편에서 차지하는 비중은 절반에 가깝다고 해도 무리가 없다. 김태경은 그때 주변에서 사라진, 그만큼 소중해진 소재를 찾아내 시의 방향을 잡고 있다. 신선한 소재인 만큼 시의 특징인 새로운 이야기를 꺼내는 데에도 유리하다.

날 선 가윗날
부부처럼 힘차게 합쳤다
잘 익은 김치 쏭덩쏭덩 썰듯
어떤 어려움도 척척 자를 수 있다고
신나게 쭉쭉 갈라낼 수 있다고

살다 보면
삼겹살처럼 쉽게 잘리는 것도 있지만
쉬이 썰어지지 않는 일도 생기는 법

— 「거멀못」에서

식탁으로까지 진출한 가위 이야기다. 두 칼날을 연결시켜 주는 거멀못을 찾아내고 있다. 늘 쓰면서도 크게 신경 쓰지 않는 가위 자체도 좋지만 그 가위를 지탱하는 거멀못을 꺼내 부부 이야기로 비유하는 부분은 더 세밀한 소재가 된다. 거멀못이 없다면 부부도 따로 놀게 되고 의미도 사라지게 된다. 소재로 인해 자연스레 따라붙는 비유도 잘 들어맞는다. 이를 통해 해체되는 가정이 많은 시대에 부부가 어떻게 살아가야 하는지까지 돌아보게 하는 정통 시작의 모습을 보여주고 있다.

어릴 적
아버지는 무뎌진 낫을 갈다
오래된 보퉁이에서 숫돌을 꺼내
낫 갈던 숫돌을 한 번씩 갈았다

왜 숫돌을 가느냐 물으면
　　오래 쓰다 보면
　　숫돌도 군데군데 파여
　　가끔 평잡이를 해줘야 된다고 한다

　　살다 보면
　　새 숫돌처럼 꽤 괜찮던 사람이
　　어느새 울퉁불퉁 파여나가
　　쯔쯔 혀를 차게 만들기도 한다

　　숫돌 제 닳는 줄 모르는 법
　　　　　　　　　　— 「평잡이 숫돌」에서

숫돌은 알지만 평잡이 숫돌은 생소하다. 그만큼 독특한 소재를 찾아낸 것이다. 특징도 강하다. 그 강한 바탕에서 바로 의미가 뛰어나온다. 한쪽으로만 기울어진 사람들로 넘쳐나는 시대에 수평을 잡아준다는 말은 그 어떤 논리로도 바로 잡기 어려운 문제를 감동스레 잡아주고 있다. 소재가 얼마나 중요한가를 여실히 체감하게 되는 부분이다. 현대 시에서 중요하게 여기는 의미까지 오히려 확장 시켜주고 있다.

　　7미터 높이는 아찔하다
　　그 아찔한 높이의 낡은 선박 족장 위에서
　　그녀의 삶도 아찔했다
　　인생 한방이라며 집 나가

> 몇 년째 소식 없는 남편 대신
> 결국 잡을 수밖에 없던 3키로 깡깡이 망치
> 어설픈 족장에 걸터앉아 깡으로 온종일 휘둘러야 했다
> 깡~ 깡~
> 힘에 부칠 때마다 놓아야지 마음먹지만
> 이 깡깡이질 한 방이
> 밥이 되고 옷이 되고
> 아이들의 연필이 되고 공책이 되는 것을 보며
> 결코 놓을 수 없던 망치
> 뱃전에 죽어라 달라붙는 녹마저
> 척척 깨어내던 그 망치도
> 가슴 한구석
> 켜켜이 쌓이는 그리움은 어쩌지 못하는지
> 그가 떠나던 날처럼 대평동에 비가 쏟아지면
> 벌건 녹물 옷자락 타고 흐른다
>
> ― 「깡깡이 망치」 전문

뱃전에 달라붙은 녹을 떼어내는 일을 하는 그녀가 주인공이다. 깡깡이 망치로 깡깡 소리를 내며 깡으로 버티며 살아가는 이야기다. 깡깡이 망치가 주는 사물의 구체성은 그녀와 만나 고된 일상을 떼어내며 살 수밖에 없는 현실을 대신 이야기해 준다. 시인은 자기변명이나 자기 이야기에 빠져 허우적거리는 것이 아니라 이렇게 슬쩍 주변의 어려운 사람들 노래를 대신 불러주는 것이다. 김태경이 부르는 노래 속에 나오는 벌건

녹물은 그녀가 흘리는 피눈물이다.
 이 외에도 소재 측면에서 살펴보면 새삼스럽거나 깜짝 놀랄만한 말이 쏟아져 나와 김태경의 시 세계를 다양하고 풍요롭게 만들고 있다.

**연륜 확인**

 같은 대상을 보고도 사람마다 느끼는 감정은 천차만별이다. 이를 대상을 보는 개별성이라고 한다. 시인이 생명처럼 여기는 개성과도 연결되는 부분이다. 장미꽃을 보고 뜨거운 사랑을 떠올리는 사람이 있는가 하면 이별의 슬픔을 느끼는 사람이 있다. 이는 장미꽃을 보며 자기를 발견하고 확인하는 과정에서 개별적인 사연이나 감정이 떠오르기 때문에 생기는 일이다.
 다시 말하면 대상을 보고 자기 확인을 한다는 것이다. 이는 대상과 나, 또는 다른 사람을 대비시키는 일이다. 그때 대상은, 예를 들어 장미꽃은 사람 일로 환치되며 새로운 생명력을 부여받게 된다. 뿐만 아니라 사연과 의미로 연장되는 일도 생긴다.
 이번 시집 여기저기서 김태경은 이러한 대상에 의한 자기 확인을 다양하게 그리고 연륜을 보태 깊은 의미를 확보하고 있다.

   명절이면 어김없이 찾아오는
   반갑지 않은 세배꾼처럼
   환절기면 잊지 않고 찾아오는 손님

절 받으라며 맨질한 콩댐 방바닥에
넙죽 엎드리듯
목구멍에 자리 잡고 바짝 엎드려
헛기침에도 도무지 일어설 기미 없는
아랫목보다 뜨겁고
콩댐바닥보다 뻰질거리고
조청보다 더 걸쭉하게 들러붙는 녀석
나 살아가며 누군가에게
이렇게 열렬히 구애한 적 있던가
이제 나이 육십 지나 칠십으로 가며
시.쓴.다 갖은 폼 잡지만
이리 뜨겁고 뻰질하고 걸쭉하게
뱉어내고 뱉어내도
악착같이 물고 늘어져 콜록거리게 한 적 있던가
시 한 줄 써놓고
무장무장 피어나는 잡생각에
벌겋게 얼굴만 달아오르는 오후

― 「목감기」 전문

  끈질기게 달라붙는 감기에 의한 나 확인이다. 감기를 슬쩍 의인화시키며 시 쓴다고 폼만 잡는 나와 연결시킨다. 여기서 확인이 확인으로 끝나지 않고 반성으로까지 확장되는 모습이 중요하다. 거기다가 '세배꾼', '조청'을 양념처럼 직유로 사용하며 입체감도 살리고 있다. 그 근간에 대상에 의한 나 확인이 든든하게 자리하고 있다.

그래도
3열 횡대로 줄 선 수박
한 통 한 통 두드려 본다

통통 퉁퉁 텅텅 탕탕

이 소리야말로
제 살아온 시간의 속살들일 터

그중 높고 맑은 놈으로 골라
집으로 향하는 발걸음마다
찍히는 묵직한 의문 부호

오늘 하루
나를 두드렸을 사람들에게
어떤 소리로 대답했을까?

— 「수박을 두드리다」에서

 이 시 역시, 잘 익은 수박인지 확인하며 나도 하루를 잘 살았는지 확인하고 있다. 단순하게 잘 익었는지가 중요한 것이 아니라 통통, 퉁퉁 두드리며 수박이 살아온 내력을 확인하는 섬세한 접촉이 감각적으로 울려오고 있다.
 나 확인뿐만 아니다. 다음 시는 사과에 의한 아내 확인이다.

거실 귀퉁이 상자에서 꺼낸 밀양사과 한 알
깎이면 깎일수록
깊은 멍자국 선명하게 드러난다
얼음골보다 더 차가운 세상에서
만나고 스치며 부닥치는 일 다반사라지만
풀지 못할 아픔 얼마나 깊었길래
푸른 멍 불도장처럼 새기고 있었을까

빨간 사과처럼 곱던 집사람도 멍이 깊었다
어머니와 함께 산 십여 년
시집살이 이름값 하듯
어머니 떠난 지 이십여 년 지나도
고장 난 벽시계 뻐꾸기처럼, 넋두리
불쑥불쑥 튀어나왔다

― 「사과를 깎으며」에서

   사과를 깎으며 확인된 멍든 부분을 보며 가슴이 멍든 아내를 확인하고 있다. 그렇다면 이 확인은 대상을 가리지 않고 얼마든지 확장할 수 있다는 결론에 닿게 된다. 실제로 이러한 기조가 김태경의 시 곳곳에서 나름의 개성 있는 특징으로 발견되고 있다. 그 위에 얹히는 인생 연륜은 편안한 여유를 만들어 놓고 있다.

**비유 정설**

시의 특징을 살리는 방편이 비유다. 이는 긴 이야기를 짧게 압축시키거나, 한가지 이야기로 여러 상황을 느낄 수 있게 하는 힘이 있다. 또한 의미를 만드는 데에도 탁월한 효과를 기대할 수 있다. 비유는 다양한 수사법으로 나타나지만, 단순히 수사를 위한 것이 아니라 시의 의도를 살리기 위한 고도의 표현으로 꼭 필요한 때에 사용하는 것이 좋다. 김태경의 비유는 시의적절하게 활용되고 있어 시의 품위까지 한껏 살리고 있다.

    자유공원 벤치 한쪽
    억척스레 살아온 만기 출옥수들이
    짧은 햇살 안주에
    독한 바람 한 잔 마시며
    나도 한때 잘나갔던 사람이라고
    이름만 대면 다 아는 곳 출신이라고
    확인할 수 없는
    확인할 필요도 없는
    뻔한 풍을 떨며
    와자지껄 서걱인다

    누군들 목구멍이 포도청이란 말로
    그 푸르른 시절
    쥐꼬리만 한 월급에
    스스로 수갑 채우지 않았던 사람 있던가
    감옥 아닌 감옥에 갇혀

머리채 잡히고 휘둘리지 않았던 이들 있던가

　　그래도 세끼 밥 먹기 어렵던 시절
　　자식 굶기지 않고
　　어엿이 공부시켜 출가시키고
　　등 따실 집 한 채는 건졌으니
　　수인의 대가로는
　　이만하면 된 게지
　　성공한 게지
　　감옥도 훈장처럼 떠벌리며
　　불콰해진 사람들이
　　따스한 가을볕에 눅눅한 몸 말린다
　　　　　　　　　　　　　　— 「낙엽」 전문

　한 시절, 억척스레 살아온 노인들이 자유공원 벤치에 앉아 가을 햇살을 쬐고 있다. 젊어 쥐꼬리만 한 월급을 받아 가며 마치 감옥살이하듯 살아왔던 노인들이 이제 만기 출옥수라고 비유되고 있다. 그리고 노인들을 다시 가을 낙엽과 비유하고 있다. 비유 속의 비유를 통해 고령화 사회로 치닫는 이 시대 분위기를 실감 나게 표현하고 있다. 끝에 나오는 '훈장처럼'은 단순 직유 같지만 경외하는 마음의 의미를 효과적으로 표현한 것이다.

　　첫 아이가 태어날 것이라는
　　놀라운 일기예보가 발표되었다
　　달력마다 커다란 동그라미가 그려졌고

아이를 맞기 위한 계획들이
소복소복 쌓였다
일기예보도 예기치 못하는 삶처럼
종종 어긋나기 마련
삼일이나 늦게 아이가 태어났다
눈이 많이 오면
다음 해는 풍년이라는데
함박눈 같은 첫딸이라니
늙은 아버지는 폭설처럼 내린 첫눈에 갇혀
서운함을 애써 막걸리로 녹이는데
우리는 비행기를 타고
벌써 파리 에펠탑 위를 날고 있었다

─「첫눈」 전문

  일기예보로 시작하며 바로 첫딸과 첫눈을 연결시키고 있다. 그만큼 반갑다는 비유다. 저출산 문제가 회자되며 심각한 양상을 띠고 있는 때에 아이가 태어난다는 이야기 자체가 의미 있다. 아들, 딸 구분하지 않는, 오히려 예전과 달리 딸을 낳으면 해외여행 한다는 말을 활용하여 파리 에펠탑 위를 날아간다는 상상에서는 흐뭇한 미소까지 떠올리게 한다.
  파리에는 드골공항이 있는데 시내 외곽에 있어 에펠탑 위로 비행기가 날 수 없지만 말이 그렇다는 것이다. 그래야 시적 분위기가 살아나기 때문이다. 말이 그렇다는 것은 시인에게 필요한 일이다. 말이 그렇다고 말도 못하는가. 시는 사실을 말하는 것이 아니라서 더 재미 있게 읽을 수 있으면 말이 되는 것이다.

>  최씨부부는 한 켤레 구두였다
>  장 본다며 시장도 같이 가고
>  저녁이면 구구팔팔하자며
>  나란히 공원도 산책하고
>  맛난 음식점 함께 찾아다니고
>  움츠렸던 나무들
>  한껏 기지개 켜는 봄날이면
>  반짝반짝 광택 내고
>  여행도 함께 다녔다
>  그러던 어느 날
>  한 짝이 망가지기 시작했다
>  구부정한 걸음걸이 고쳐보기도 하고
>  굽 갈이 창 갈이도 해보았지만
>  깊은 병에 장사 없는지
>  결국 한 짝을 먼저 떠나보내고 말았다
>  그 슬픔 너무 깊어
>  실어증에 루게릭병까지 얻으며
>  신발장 속 두터운 어둠에서 버틴
>  칠 년여 세월
>  그것은 홀로 남은 구두 한 짝에게
>  제 발로 걸어 들어간
>  지독한 순장殉葬이었다
>
> ― 「남은 구두 한 짝」 전문

한 켤레 구두와 부부의 비유다. 남남이 만나 하나가 되어 살아가는 이야기 속에 삶이라는 세월이 얹어지고 있다. 보편적인 이야기를 구체적인 구두와 연결하고 있다. 그래도 일반적인가, 최씨 부부라는 주인공까지 등장시키고 있다. 그리고 순장이라는 말도 비장하게 꺼내고 있다. 단순한 비유의 형태가 아니라 촘촘하게 구체적으로 연결하려는 의도가 보인다. 시는 감정이 앞서는 것이 아니라 의도가 보여야 한다. 그 의도가 자연스럽고 적절하게 진행될 때 공감이라는 위치를 차지할 수 있다. 이처럼 비유의 정석을 보여주는 시편들이 많다는 것은 본래의 시심을 지키려는 각고의 흔적으로 봐도 무방하다.

### 바깥 동정

시는 별도 시 세계에 살지만, 그 뿌리는 현실 세계에 뻗고 있다. 먼먼 꿈나라에서 상상을 이불 삼아 사는 것이 시인이지만 사실은 누구보다 현실적인 문제에 민감한 반응과 흥분을 보이는 것도 시인이다. 물론 정치색 짙은 시인도 많고 편협한 이론에 묶인 외골수 시인도 많다. 그러나 시대를 정확히 읽고 대안을 제시하고 문제를 진단하고 제대로 처방하는 것이 더 중요한 시인의 임무이다. 그때 김태경의 시선은 사회 현상에서 뒤돌아 서 있지 않다. 매의 눈처럼 매섭고 날카로운 면도 때로 시인에게 필요하다. 그러한 눈썰미를 키워나가는 것도 시인에게는 당연한 일이다.

개미귀신 산다는 신두리사구 가본 적 있지
　　꼬들한 바람 순정처럼 해당화 꽃잎 살랑거리면
　　순비기나무 곁에서 숨을 헐떡이는 언덕 끝자락
　　그 그늘진 모래밭 속에 만들어진 모래 깔때기 속
으로
　　어리숙한 개미들 미끄러져
　　도롱뇽 몸통도 자를 것 같은 흉측한 개미귀신 이
빨 앞에
　　마지막 체액까지 다 빨려버리지
　　빈껍데기가 되지
　　그 개미귀신을 전화기 속에서 만났네
　　아들이 돈을 갚지 않아 감금하고 있다며
　　수천만 원 가지고 나오라는 깔때기
　　어리숙한 개미 부부
　　미끄러져 들어갈 수밖에 없었지
　　몸부림치면 칠수록 빠져 들어가는 개미지옥
　　　　　　　　　　　　　　　── 「개미귀신」에서

　아직도 현존하는 보이스 피싱 이야기다. 개미귀신 이야기와 절묘하게 들어맞는다. 개미귀신이라는 비유의 대상을 찾아낸 것이 시의 맛을 살려내는 데 결정적인 역할을 하고 있다. 우리 사회에서 벌어지는 어처구니없는 현상을 시로 고발하고 있다. 때로 시는 사회 문제를 거론하기도 하고 고발도 한다. 사회 정의의 사도 역할도 해야 한다.

산 위에서 골 따라 내려오는 물
둔치보다 높은 논둑을 쌓은 윗논에서
바짝 물꼬를 틀어쥐었다
염천 더위에
윗논만을 바라보는 아랫논 임자
쩍쩍 갈라지며 타들어간다

어느 날 윗논 물,
옆논 아랫논으로 철철 흘렀다
윗논 임자 펄펄 뛰지만
드렁허리 한 마리
비웃듯
옹고집 논둑 여기저기에
구멍을 뚫어 놓은 것이다

독버섯처럼 돋아나는
네 주장 내 주장
논둑보다 더 높이 쌓여만 가는데

이 고집스런 논둑
뻥 뚫어줄
착한 드렁허리 찾아볼 수가 없다
— 「드렁허리」 전문

김태경 시를 돋보이게 하는 것은 앞서 이야기한 참

신한 소재 선택 때문이다. 드렁허리는 그 자체만으로도 가치가 있다. 드렁허리를 알고 있다는 것도 신기하고 그것을 잊지 않고 있다는 것도 놀랄 일이며 그것을 시에 차용했다는 것은 시의 맛을 더 깊게 살리는 일이다. 그 까맣게 잊어버린 장어처럼 생긴 드렁허리를 이 시대 앞에 척 꺼내놓는다. 그리고 고집스럽게 쌓여가는 네 주장, 내 주장을 뻥 뚫어주기를 바라는 것만으로도 가슴이 시원해진다.

  국숫물처럼 팔팔 끓는 팔월
  코로나로 모처럼 만난 동창모임도
  오후 2시처럼 팔팔 끓었다
  정치와 종교 얘기는 No
  이 금기 금 간 접시처럼 깨져
  대책도 없는 정치 얘기로
  네 편 내 편 나뉘어졌다
  밀가루 반죽처럼 머리 허연 노인네들이
  웬 힘도 그리 좋은지
  티격태격하다 밥때마저 놓치고
  늦은 점심으로 찾은 허름한 국숫집
  뻣뻣한 국숫발처럼 모임 내내
  결코 구부릴 줄 모르던 노인들이
  입 꾹 다물고 국수 삶는 할머니 바라본다
  뻣뻣하던 국수
  끓는 물에 금시 흐물해지고
  팔팔 끓어오르면

찬물 한 바가지 부어 주저앉히고
끓어오르려면
찬물 한 바가지 부어 다시 주저앉히고
결국 능숙한 할머니 손에
대접 속으로 얌전히 담기는 국수
뻣뻣하던 노인들 국수처럼 흐물해진다
— 「국숫집 할머니」 전문

노인들의 단단한 고집 안에 국수 국물같이 뜨거운 정치 이야기를 담았다. 잘못한 정치 이야기는 비판해야 하고 잘한 것은 칭찬해야 하는데 지금 우리 사회 분위기는 이러한 사회 정의를 찾기가 어려워졌다.

국숫집과 할머니를 등장시키고 있다. 국수 삶는 것을 보며 흥분을 가라앉히지만 현실은 이미 선을 넘은 상황이다. 국수처럼 일단 양쪽 주장이 흐물흐물해지는 정도로 끝나는 현실이 안타깝기만 하다. 이러한 이야기조차 꺼내기 어려운 우리 사회의 한 단면을 김태경은 수많은 가락으로 만들어진 국수로 그릴 듯 풀어 놓고 있다.

### 차원 확보

깨달음으로 가는 길은 결코 가깝지 않다. 그렇다고 특별한 길이 있는 것은 아니다. 할 수 있는 선에서 최선을 다하다 보면 나름 깨달음의 경지에 오르게 된다. 그것이 정신적으로까지 확대되면 신앙이 될 수도 있다.

지난봄 부지런히 심은 잔디
잘 살았나 산소에 가보니
잔디는 눈 씻어도 보이지 않고
쇠뜨기 억새 멍석딸기만 기세등등하다
예초기 윙윙 시퍼렇게 돌아가고
날 휘감은 채 안간힘으로 버티던 놈들도
단호히 잘려 나가고
어느덧 산소는 갓 이발한 머리처럼 새뜻하다
살펴보면 내 안에 자리잡은 수많은 잡초들
교만의 뿌리 쇠뜨기처럼 깊이 박혀
제가 주인인 양 거들먹거리고
억새는 미움만큼이나 얼마나 질기던가
잠시 한눈팔면 욕심의 덩굴, 멍석딸기처럼
흉흉한 가시 앞세우고 제자리를 넓혀가던가
봉분의 잡풀 제거하듯
오늘도 말씀의 예초기 들고 하나하나 잘라낸다

— 「예초기」 전문

 김태경의 대상에 의한 자기 확인은 신앙으로 연결되며 정점을 찍는다. '교만' '미움' '욕심'이라는 말을 자르기 위해 예초기를 든다는 말 앞에 '말씀'이라는 경어가 나온다. 김태경은 독실한 기독교인이다. 신앙이 깊어 안양 한 교회의 장로직으로 헌신하고 있다. 자기 확인이 자기반성으로 바로 넘어가는 이유다. 자기반성 없이 제대로 된 신앙을 지키기는 어렵다. 그러한 신앙을 시적 자양분 삼아 사상으로 발전시켜 나가면 좋은 의미가 생성될 수 있다. 이는 문학적으로 완전 승화시켜야 한다는 전제조건이 따라붙는다.

  삼성산 자락 주말농장에 심은
  고추 몇 그루
  꽃 피고 실하게 고추 열리다
  갑자기 비실거렸다
  영양이 부족한가
  비료 한 움큼 착하게 주었더니
  부쩍 푸르러진다

  사업에 실패하고 시들거리던 친구
  주말농장 고추 심듯 교회에 심었다
  영양실조 걸린 고춧잎처럼
  비비 꼬였던 그에게서
  검푸른 생기 종소리처럼 쏟아진다

  신을 의지한다는 건
  한줌 비료 같은 것
  절망이 무덤처럼 쌓인 곳에
  흐드러지게 꽃 피우고
  실하게 열매 맺게 하는 일

  농장에 고추꽃 하얗게 피고
  댕그렁 댕그렁 고추 달리던 날

그도 환하게 웃음꽃 피고
　　　매운 세상 더 맵게 달렸다
　　　독한 청양고추처럼
　　　　　　　　　　　　　　— 「청양고추」 전문

　기독교는 사랑의 종교이다. 사랑은 베푼다는 것이다. 조건이 없다. 오히려 나를 해하는 사람까지 사랑해야 한다는 것이다. 그런 성인의 반열까지는 아니더라도 어려운 사람들에게 사랑의 온정을 베푸는 일은 스스로에게도 기분 좋은 일이다. 그래서 사랑을 베풀면 나에게도 그만큼의 행복이 돌아오는 것이다. 이를 실천에 옮기며 살아가는 김태경의 신앙심은 여기서 뿐만 아니라 이미 여러 편의 시에서 확인되었다. 그리고 김태경 시의 주요한 부분을 차지하고 있다는 것을 상기시키게 한다.

　　　엔딩 크레딧이 시작되면
　　　서로 먼저 자리를 털고 일어난다
　　　영화 끝난 거라고
　　　더 이상 볼 것 없다고

　　　그도 다 끝난 사람 같았다
　　　삼류영화관의 축축한 곰팡이 냄새
　　　수세미처럼 헝클어진 머리
　　　흑백 필름 같은 칙칙한 옷들을 겹겹이 걸쳤다
　　　일요일이면 무료급식소도 쉰다며

낡은 영사기마냥 덜컹거리며
교회식당에 와 고봉에 고봉밥을 받아들었다

엔딩 크레딧 쿠키영상을 만났다
영화가 끝나고 제작자 이름 배우 이름
지루하게 자막을 채워도
본 영화보다 반짝이는 쿠키영상 이어져
분주하던 엉덩이들 곡진해졌다

엔딩 크레딧 같던 그도 쿠키영상을 만났다
일요일마다 듣는 한마디
당신은 사랑받기 위해 태어난 사람
그가 곡진해졌다

고봉밥을 받던 그가 고봉밥을 푸고
술병 대신 파지 리어커를 잡는다
엔딩 크레딧
끝날 때까지 끝난 것이 아니다
—「엔딩 크레딧」 전문

 내가 받은 사랑을 다시 돌려주는 것은 아름다운 일이다. 사람 살아가는 일은 앞일을 알 수가 없다. 사랑으로 변화된다는 것은 더 아름다운 일이다. 영화 이야기면서 사람 이야기다. 어떤 일이건 끝났다고 끝난 것이 아니다. 끝난 것과 계속 이어지는 일도 있고 연결선상에서 따라오는 생각도 있다.

거창한 교리를 등장시키는 것이 아니라 교회식당에서 일어난 소소한 일을 가지고 사랑을 실천하는 구체적인 이야기를 만들었다. 시의 본분을 다하고 있다는 것이다. 이러한 종교적인 이야기는 앞으로 김태경의 시 세계를 믿고 만날 수 있는 주요한 바탕이 될 것이다.

### 추억 소환

나이 들수록 추억으로 산다던가. 추억은 과거로 날아가는 상상의 날개를 가졌다던가. 과거는 아픔도 추억으로 빛난다던가. 김태경도 추억을 소재로 삼는 시인임은 앞서 확인되었다. 이번 시집에서 가장 빛나는 시를 추억 소환이라는 말로 마지막에 소개한다. 그령이라는 것이다. 요즘 아이들은 잘 모르겠지만 길가에 질긴 풀이 자라고 있는데 그것이 바로 그령이다. 잎이 길게 자라서 길 양옆에 있는 풀잎을 모아 묶으면 장애물이 된다. 넋 놓고 논둑길이나 밭길을 걷다가 장난으로 그물처럼 쳐놓은 그령에 발목이 걸려 넘어지기 십상이다. 추억의 한 장면이 되살아나는 일을 이번 시집에서 오래된 고향 친구처럼 반갑게 만나 본다.

  서슬 시퍼런 더위가
  산 그림자 속으로 몸을 숨기는 오후
  멱을 감다 말고
  매미 소리 요란한 뒷동산으로
  소 풀 뜯기러 가는 길

아이 얼굴은
잔뜩 웅크린 먹구름만큼이나 심통스럽고
불퉁한 걸음은
발정 난 황소걸음인 양
사납게 터벅거리는데

풀숲 길 한가운데
누군가 몰래 묶어놓은 그령에 걸려
꼴사납게 엎어지고

제 성질 못 이긴 아이는
성난 망아지 뒷발질하듯
묶인 그령 끊겠다고 한껏 걷어차지만
그령은 가소롭다는 듯 꿈쩍도 않고

벗겨진 까만 고무신 한 짝만
날개 달린 듯
훨훨 날아
깊은 숲으로 도망가면

벌게진 발등은
아프다고 고래고래 아우성을 친다
— 「그령에 걸려」 전문

소 풀 뜯긴다는 일도 검정 고무신도 과거 추억의 노

트에는 생생하게 적혀있다. 이 시를 읽으며 시가 꼭 비유하고 의미 찾고 시적 표현으로만 고뇌해야 하는가에 대해 의문을 품게 한다. 시는 사실 어떻게 써야 한다는 공식이 따로 없다. 다만 오래 시를 쓴 사람들이 어떠한 방식으로 접근했을 때 생각을 깊게 하고 무엇을 가지고 써야 효과가 있고 의미를 찾을 수 있다고 조언하는 것이지 반드시 이렇게 써야 한다는 법은 없다. 그런데도 필자는 30년 넘게 떠들며 문학 강의를 다니고 김태경은 그러한 이야기를 들은 지 벌써 10년이 되어가고 있다. 그때 이 「그령에 걸려」라는 시는 잔잔한 충격을 일으키기에 부족함이 없다. 이런 풍경은 수채화로도 그릴 수 없고 AI로도 따라잡을 수 없다.

　소박한 감각적 추억 소환이다. 이러한 옛이야기를 끌어다 한 편의 시로 그려 놓을 정도면 김태경은 시인으로, 첫 시집을 만드는 벅찬 감회로 갈음해도 좋다. 그 곁에서 우리는 좀 더 자유분방한 시 세계로 날아갈 수 있도록 살살 시의 바람을 불러일으켜 주면 된다.

　이미 김태경은 혼자 힘으로도 얼마든지 비유를 건너 의미를 넘어 더 넓은 창공으로 날아갈 준비가 끝난 것이다.

**김태경 시집**

# 엔딩 크레딧

초판발행  2025년 4월 28일

지 은 이  김태경
펴 낸 이  배준석
펴 낸 곳  문학산책사

등    록  제3842006000002호
주    소  ㉾14021
          경기도 안양시 만안구 병목안로 81 성원Ⓐ 103-1205
전    화  (031)441-3337 / 010-5437-8303
홈페이지  http://cafe.daum.net/munsan1996
이 메 일  beajsuk@daum.net


값 10,000원

ⓒ 김태경, 2025

ISBN  979-11-93511-07-7  03810

* 이 책의 내용을 전부나 일부 재사용하려면
  저작권자와 문학산책사 양측과 협의하여 주시기 바랍니다.
* 저자와의 협의에 의하여 인지를 생략합니다.
* 파본은 구매 서점에서 교환하여 드립니다.